BEI GRIN MACHT SICH IHR
WISSEN BEZAHLT

- Wir veröffentlichen Ihre Hausarbeit,
  Bachelor- und Masterarbeit

- Ihr eigenes eBook und Buch -
  weltweit in allen wichtigen Shops

- Verdienen Sie an jedem Verkauf

Jetzt bei www.GRIN.com hochladen
und kostenlos publizieren

Bibliografische Information der Deutschen Nationalbibliothek:

Die Deutsche Bibliothek verzeichnet diese Publikation in der Deutschen National-bibliografie; detaillierte bibliografische Daten sind im Internet über http://dnb.d-nb.de/ abrufbar.

Impressum:

Copyright © 2018 GRIN Verlag
Druck und Bindung: Books on Demand GmbH, Norderstedt Germany
ISBN: 9783346087485

Dieses Buch bei GRIN:

https://www.grin.com/document/510253

Desirée von Kriegstein

Fitnessökonomie. Ein Trainingsplan nach dem Mesozyklus

GRIN Verlag

GRIN - Your knowledge has value

Der GRIN Verlag publiziert seit 1998 wissenschaftliche Arbeiten von Studenten, Hochschullehrern und anderen Akademikern als eBook und gedrucktes Buch. Die Verlagswebsite www.grin.com ist die ideale Plattform zur Veröffentlichung von Hausarbeiten, Abschlussarbeiten, wissenschaftlichen Aufsätzen, Dissertationen und Fachbüchern.

Besuchen Sie uns im Internet:

http://www.grin.com/

http://www.facebook.com/grincom

http://www.twitter.com/grin_com

Deutsche Hochschule für

Prävention und Gesundheitsmanagement

Einsendeaufgabe

Fachmodul: Trainingslehre I

Studiengang: Fitnessökonomie

Datum
Präsenzphase   **21.05.2018 – 25.05.2018**

Name, Vorname: von Kriegstein, Desirée

Studienort: **Hamburg**

Semester: **WS17**

Inhaltsverzeichnis

1 Diagnose

1.1 Allgemeine und biometrische Daten

Es wurde ein Eingangsgespräch mit der Kundin geführt, in dem alle Daten erfasst und in der unten stehenden Tabelle zusammengefasst wurden. Außerdem erfolgte eine Körperzusammensetzungsanalyse mithilfe einer InBody Waage, um den Körperfettanteil und die Muskelmasse festzustellen.

Tab. 1   Allgemeine und biometrische Daten

Allgemeine Daten	
Alter	25 Jahre
Geschlecht	weiblich
Körpergröße	158 cm
Körpergewicht	66,5 kg
Körperfettanteil	29,80%
Muskelmasse	26 kg
Trainingsmotive	Definition, Kraftsteigerung, Muskelerhalt
Berufliche Tätigkeit	Fitnesstrainer
Aktuelle und frühere sportliche Aktivitäten	5,5 Jahre Krafttrainingserfahrung - bis dato ohne zielführende Periodisierung seit 3 Wochen: Yoga
Leistungsstufe	Leistungstrainierend
Trainingsumfang	4-5x/ Woche Krafttraining (60 min.) - 10-12 WH, 4 Sätze 1x/ Woche Yoga
Zeitlicher Verfügbarkeitsrahmen	3-4/ Woche Krafttraining (60 min.) 1x/ Woche Yoga
Allgemeiner Gesundheitszustand	
Blutdruck - Bewertung - Normwerte	125 mmHg / 82 mmHg - normal - normal: <130 mmHg / <85 mmHg Blutdruckklassifikation der American Heart Association (modifiziert nach Mancia et al., 2013,.S. 1286)
Orthopädische Probleme	nein
Internistische Probleme	nein
Einnahme von Medikamenten	nein
Sonstige gesundheitliche Einschränkungen	nein
Belastbarkeit bzw. Trainierbarkeit	uneingeschränkt

Da die Kundin bereits 5,5 Jahre Trainingserfahrung hat, ist sie als leistungstrainierend einzustufen. Aufgrund dessen und da keine gesundheitlichen Probleme bestehen, ist die Belastbarkeit und Trainierbarkeit uneingeschränkt.

1.2 Krafttestung

Der Krafttest erfolgt nach der Individuellen Leistungsbild Methode (ILB) oder auch Mehrwiederholungskrafttest genannt. Sie eignet sich für den Gesundheits- und Fitness-bereich, da, anders als beim Maximalkrafttest, die Muskulatur nicht überlastet wird.

Die Kundin beginnt mit einem allgemeinen Aufwärmen, das aus 10 Minuten auf dem Crosstrainer besteht. Darauf folgt ein spezielles Aufwärmen. Hierzu macht sie einen Satz der ersten Übung, die später getestet wird, mit wenig Gewicht und 10 Wiederho-lungen.

Der erste Mesozyklus wird aus einem Kraftausdauertraining bestehen. Aus diesem Grund wird die Wiederholungszahl für den Krafttest auf 15 Wiederholungen festgelegt. Es erfolgen pro Übung maximal drei Testsätze.

Der Test wird in der gleichen Reihenfolge durchgeführt, wie sie später auch im Trai-ningsplan steht. Die Reihenfolge wird bestimmt durch die Größe der beanspruchten Muskeln, d.h. von großen zu kleinen Muskeln. Außerdem stehen die mehrgelenkigen Übungen vor den eingelenkigen Übungen.

Die erste Übung, die getestet wird, ist Kreuzheben mit der Langhantel. Der erste Test-satz wird mit 80 kg durchgeführt. Da mit diesem Gewicht bereits das 15-RM (Repetiti-on Maximum) der Kundin erreicht wurde, ist hier kein weiterer Testsatz nötig.

Es folgt die zweite Übung, die aus Ausfallschritten mit Kurzhanteln besteht. Im ersten Testsatz ist das Gewicht 5 kg pro Seite. Da dies zu leicht ist, wird der Testsatz abgebro-chen, um die Muskeln nicht unnötig vorzuermüden. Beim nächsten Testsatz mit 7,5 kg wird das Maximum ebenfalls nicht erreicht. Im dritten Testsatz schafft die Kundin 10 kg pro Seite und diese werden als 15-RM festgesetzt.

Die restlichen Testübungen erfolgen nach dem gleichen Prinzip. Die Testgewichte und Ergebnisse werden in der folgenden Tabelle zusammengefasst. Da im späteren Trai-ningsplan drei verschiedene Ganzkörpertrainingspläne stehen, werden die Krafttests an drei Tagen mit den jeweiligen Übungen durchgeführt. Diese Tests beziehen sich nur auf den ersten Mesozyklus mit dem Ziel der Kraftausdauer. Nach jedem Mesozyklus muss ein neuer Test durchgeführt werden, um das Gewicht an die sich ändernden Wiederholungszahlen und gegebenenfalls neuen Übungen anzupassen.

Tab. 2   Krafttest 1

Testübung	WH	1. Testsatz	2. Testsatz	3. Testsatz	Ergebnis
Kreuzheben	15	80 kg			80 kg
KH- Ausfallschritt	15	5 kg	7,5 kg	10 kg	10 kg
Rudern am Seilzug horizontal (enger NG)	15	20 kg	22,5 kg	25 kg	25 kg
Butterflymaschine	15	27 kg			27 kg
Butterflymaschine reverse	15	23 kg	27 kg		27 kg
KH- Seitheben	15	3 kg	4 kg		4 kg
KH- Armbeugen Schrägbank	15	3 kg	6 kg		6 kg
Armstrecken am Seilzug	15	25 kg			
Rumpfrotation Maschine	15	25 kg			25 kg
Rumpfflexion am Seilzug	15	50 kg	55 kg		55 kg

Tab. 3   Krafttest 2

Testübung	WH	1. Testsatz	2. Testsatz	3. Testsatz	Ergebnis
Beinpresse 45°	15	60 kg	70 kg		70 kg
LH- Flachbankdrücken	15	30 kg	25 kg		25 kg
LH-Rudern vorgebeugt	15	25 kg			25 kg
KH- Rudern aufrecht	15	7,5 kg	8 kg		8 kg
KH- Armstrecken (Kickbacks)	15	3 kg	4 kg		4 kg
Armbeugen am Seilzug	15	10 kg	12,5 kg		12,5 kg
Wadenheben Maschine	15	40 kg			40 kg
Rumpflateralflexion am Seilzug	15	25 kg			25 kg

Tab. 4   Krafttest 3

Testübung	WH	1. Testsatz	2. Testsatz	3. Testsatz	Ergebnis
LH- Kniebeuge	15	30 kg	35 kg		35 kg
LH- Schrägbank-drücken	15	22,5 kg			22,5 kg
KH- Rudern horizontal	15	10 kg			10 kg
KH- Schulterdrücken	15	10 kg	9 kg		9 kg
KH- Frontheben	15	4 kg			4 kg
Scott Armbeugen	15	20 kg	17,5 kg		17,5 kg
Armstrecken am Seilzug	15	25 kg			25 kg
Rumpfextension Maschine	15	27 kg	23 kg		23 kg
Rumpfrotation Maschine	15	25 kg			25 kg

2   Zielsetzung/Prognose

Tab. 5   Zielsetzung/Prognose

Inhalt	Ausmaß	Zeit
1- RM Kreuzheben steigern - aktuell: 115 kg 1-RM	130 kg 1-RM Kreuzheben - erlaubte Hilfsmittel: Ge- wichthebergürtel, Zughilfen	6 Monate - 05.11.2018
Definieren/Körperfettanteil senken - aktuell: 29,8 % KfA	Senkung auf 25 % KfA	6 Monate - 05.11.2018
Muskelmasse erhalten - aktuell: 26 kg	Max. 3 kg Muskelmasse Ver- lust	6 Monate - 05.11.2018

Das erste Ziel ist ein 1-RM von 130kg im Kreuzheben in 6 Monaten. Die Kundin ver-
folgt bereits länger das Ziel, ihr 1-RM in dieser Übung als persönliche Herausforderung
zu steigern und möchte dieses nun konkretisieren. Da sie bisher Zughilfen und einen
Gewichthebergürtel verwendet hat, sind diese als Hilfsmittel erlaubt.

Die Kundin hat angegeben, dass sie definieren möchte, damit ihre Muskeln mehr zum
Vorschein kommen. Die InBody Analyse hat einen Körperfettanteil von 29,8 % ergeben.
Durch eine zielführende Periodisierung und eine Anpassung der Ernährung soll dieser
Wert innerhalb der nächsten 6 Monate auf 25 % gesenkt werden.

Da die Kundin bereits seit einigen Jahren trainiert und Muskeln aufgebaut hat, möchte
sie diese erhalten. Eine Körperfettreduktion geht mit einem geringen Verlust der Muskelmasse einher. Deswegen wurde das Ziel auf max. 3 kg Verlust der Muskelmasse in 6
Monaten festgelegt.

Die Ziele der Körperfettreduktion und des Muskelerhalts werden nach 6 Monaten mit-
tels einer erneuten InBody Analyse überprüft.

3   Trainingsplanung Makrozyklus

Tab. 6   Makrozyklus

	Mesozyklus I	Mesozyklus II	Mesozyklus III	Mesozyklus IV
Spezifisches Trainingsziel	Kraftausdauer-training	Muskelaufbau-training (extensiv)	Muskelaufbau-training (intensiv)	Maximalkrafttrai-ning
Mesozyklusdau-er	4 Wochen	6 Wochen	8 Wochen	6 Wochen
Wiederholungen	15	12	8	5
Einheiten/ Wo-che	3	4	4	4
Übungen/ Mus-kelgruppe	1 bis 2	2	2	2
Organisations-form	GK/ Station	2er Split/ Station	2er Split/ Station	2er Split/ Station
Sätze/ Übung	3	3	3	3
Intensität	80 – 90 % ILB	80 – 100 % ILB	80 – 100 % ILB	80 – 100 % ILB
Satzpausen	60 sek.	60 sek.	90 sek.	120 sek.
Bewegungstem-po (TUT)	2/ 0/ 2	2/ 0/ 2	2/ 0/ 2	2/ 0/ 2

Die Kundin hat angegeben, dass sie drei bis vier Mal in der Woche Zeit für das Training hat. Da sie vor Kurzem einen Yogakurs in ihre wöchentliche Routine aufgenommen hat, sollte dieser beibehalten bleiben und gilt als aktiver Regenerationstag.

In der Stufe der Leistungstrainierenden sollte die Satzzahl pro Übung zwei bis vier betragen. Aufgrund der Arbeit als Fitnesstrainerin im Schichtsystem, ist die Zeit der Probandin pro Trainingseinheit begrenzt. Eine Satzzahl von drei ist somit angemessen.

Bisher hat die Kundin ohne zielführende Periodisierung, aber in einem Splitsystem trainiert. Im ersten Mesozyklus ist ein Ganzkörpertraining mit dem Trainingsziel der Kraftausdauer geplant, um eine erneute Kapillarisierung zu erzielen. In den folgenden Mesozyklen werden 2er Splits durchgeführt, um sich auf einzelne Muskelgruppen zu konzentrieren und diese damit gemäß der Superkompensation zweimal in der Woche zu trainieren.

4 Trainingsplan Mesozyklus

Tab. 7   Mesozyklus I Wochenaufteilung

Mo	Di	Mi	Do	Fr	Sa	So
GK 1	-	GK 2	Yoga	GK 3	-	-

GK   = Ganzkörpertraining

Die Kundin trainiert an drei Tagen in der Woche. Zwischen den einzelnen Ganzkörper-
trainingseinheiten ist jeweils ein Tag Ruhe eingeplant bzw. donnerstags der Yogakurs
zur aktiven Regeneration. Am Wochenende sind zwei Regenerationstage eingeplant.

Tab. 8   Mesozyklus I Ganzkörpertraining 1

Übungen	WH	Sätze	Satzpausen	Gewicht Woche 1 + 2 80 %ILB	Gewicht Woche 3 + 4 90% ILB
Kreuzheben	15	3	60 sek.	65 kg	72,5 kg
KH- Ausfallschritt	15	3	60 sek.	8 kg	9 kg
Rudern am Seilzug horizontal (enger NG)	15	3	60 sek.	20 kg	22,5 kg
Butterflymaschine	15	3	60 sek.	23 kg	23 kg
Butterflymaschine reverse	15	3	60 sek.	23 kg	23 kg
KH- Seitheben	15	3	60 sek.	3 kg	4 kg
KH- Armbeugen Schrägbank	15	3	60 sek.	5 kg	5 kg
Armstrecken am Seilzug	15	3	60 sek.	21 kg	23 kg
Rumpfrotation Maschine	15	3	60 sek.	20,5 kg	23 kg
Rumpfflexion am Seilzug	15	3	60 sek.	46kg	50 kg

KH   = Kurzhantel

NG   = neutraler Griff

Tab. 9   Mesozyklus I Ganzkörpertraining 2

Übungen	WH	Sätze	Satzpausen	Gewicht Woche 1 + 2 80 %ILB	Gewicht Woche 3 + 4 90% ILB
Beinpresse 45°	15	3	60 sek.	55 kg	63 kg
LH- Flachbankdrücken	15	3	60 sek.	20 kg	22,5 kg
LH-Rudern vorgebeugt	15	3	60 sek.	20 kg	22,5 kg
KH- Rudern aufrecht	15	3	60 sek.	6 kg	7,5 kg
KH- Armstrecken (Kickbacks)	15	3	60 sek.	3 kg	4 kg
Armbeugen am Seilzug	15	3	60 sek.	10 kg	10 kg
Wadenheben Maschine	15	3	60 sek.	32,5 kg	35 kg
Rumpflateralflexion am Seilzug	15	3	60 sek.	20 kg	23 kg

LH   = Langhantel

Tab. 10 Mesozyklus 1 Ganzkörpertraining 3

Übungen	WH	Sätze	Satzpausen	Gewicht Woche 1 + 2 80 %ILB	Gewicht Woche 3 + 4 90% ILB
LH- Kniebeuge	15	3	60 sek.	27,5 kg	30 kg
LH- Schrägbankdrücken	15	3	60 sek.	20 kg	20 kg
KH- Rudern horizontal	15	3	60 sek.	8 kg	9 kg
KH- Schulterdrücken	15	3	60 sek.	7,5 kg	8 kg
KH- Frontheben	15	3	60 sek.	3 kg	4 kg
Scott Armbeugen	15	3	60 sek.	15 kg	17,5 kg
Armstrecken am Seilzug	15	3	60 sek.	20 kg	23 kg
Rumpfextension Maschine	15	3	60 sek.	18 kg	20 kg
Rumpfrotation Maschine	15	3	60 sek.	20 kg	20,5 kg

Der erste Mesozyklus dauert vier Wochen. In den ersten beiden Wochen wird mit 80 % ILB trainiert. In Woche drei und vier wird die Intensität auf 90 % ILB gesteigert, um eine Progression zu gewährleisten. Die Gewichte wurden teilweise auf- oder abgerundet, da eine genaue Abstufung nicht möglich ist.

Der Schwerpunkt liegt auf den Freihantelübungen, da die Kundin bereits als leistungstrainierend einzustufen ist und somit die nötige Trainingserfahrung mit sich bringt. Es sind vermehrt mehrgelenkige Übungen geplant, um die intermuskuläre Koordination zu optimieren.

Da die Kraftsteigerung im Kreuzheben ein Bestandteil der Zielsetzung ist, ist diese Übung auch im Trainingsplan integriert. Sie erfordert Rumpfstabilität, weswegen die Rumpfrotation, -extension, -flexion und -lateralflexion ebenfalls an den jeweiligen Maschinen bzw. am Seilzug trainiert werden.

Die Beinmuskulatur wird in diesem Mesozyklus ausschließlich durch mehrgelenkige Übungen trainiert. Dadurch wird Zeit eingespart, da weniger Übungen notwendig sind. Darüber hinaus wird auch hierbei die Rumpfmuskulatur und die muskuläre Sicherung gestärkt und optimiert.

Da die Armmuskulatur für die Kundin nicht im Fokus steht, ist eine Übung pro Muskelgruppe hier ausreichend. Des Weiteren werden *M. biceps brachii* und *M. triceps brachii* bei den mehrgelenkigen Übungen für den Oberkörper ebenfalls beansprucht.

5 Literaturrecherche

Tab. 11 Studie 1: Effekte maschinengestützten Krafttrainings in der Behandlung chronischen Rückenschmerzes

Studiendurchführung	Stephan A 1 , Goebel S 1 , Schmidtbleicher D 2
Jahr der Publizierung	2011
Versuchspersonen	Start: 96 Teilnehmer Nach Interventionsabbruch: 74 Teilnehmer - Rückenschmerz seit mehr als 12 Wochen oder mindestens zwei rezidivierende Schmerz-schübe pro Jahr seit mindestens 2 Jahren - Chronifizierungsgrad 1 oder 2 - Befähigung zumselbstständigenKrafttrai-ningnachEinschätzung des Arztes
Versuchsaufbau	- Trainingsgruppe (58): progressives hypertro-phieorientiertes Krafttraining an Trainingsma-schinen mit variablem Widerstand - Kontrollgruppe (16): keine Trainingsmaß-nahme - Trainingszeitraum: durchschnittlich 24,5 (± 2,0) Wochen - 1,6 -mal (±0,4) pro Woche (min: 0,7; max: 2,4)
Ergebnisse	- Trainingsgruppe: 20 Personen schmerzfrei (9 davon hatten vorher mäßige/starke Schmerzen und 11 leichte/sehr leichte Schmerzen) - Kontrollgruppe: 6 Personen schmerzfrei (3 davon hatten vorher sehr leichte bzw. mäßige Schmerzen)
Schlussfolgerungen	Ein selbstständiges Ganzkörperkrafttraining mit einer Trainingsfrequenz von 6-mal im Mo-nat eignet sich für Personen mit chronischem Rückenschmerz im Anfangsstadium, um das Schmerzniveau zu senken.
Link	https://www.germanjournalsportsmedicine.-com/archiv/archiv-2011/heft-3/effekte-maschi-nengestuetzten-krafttrainings-in-der-behand-lung-chronischen-rueckenschmerzes/

Tab. 12 Studie 2: Krafttrainingstherapie bei männlichen Polizeibeamten mit chronischen lumbalen Rückenschmerzen

Studiendurchführung	Kirchhoff, D., Kopf, S. & Böckelmann, I. Zbl Arbeitsmed
Jahr der Publizierung	2015
Versuchspersonen	64 männliche Polizeibeamte mit chronischen lumbalen Rückenschmerzen eingeschlossen - Alter: 47,0 ± 7,2 Jahre - Body-Mass-Index: 28,3 ± 3,9 kg/m2
Versuchsaufbau	- Kontrollgruppe: 32 Patienten erhielten 24 isolierte Krafttrainingstherapien - Experimentalgruppe: 32 Patienten erhielten zusätzlich psychologisch-pädagogische Interventionen - Vor Beginn und nach Beendigung: Evaluation der Kraft der Rumpfmuskulatur, des Angst-Vermeidungsverhaltens mittels des Fear-Avoidance-Beliefs-Questionnaire (FABQ) und der lumbalen Schmerzintensität mittels der visuellen Analogskala (VAS)
Ergebnisse	- Beide Gruppen: Verbesserung während der Therapie von Kraft derRumpfmuskulatur, des Angst-Vermeidungsverhalten, und Senkung der Schmerzen - Nach der Therapie signifikant: Experimentalgruppe besser als die Kontrollgruppe hinsichtlich des FABQ und der VAS
Schlussfolgerungen	- Gerätegestützte Krafttrainingstherapie der Rumpfmuskulatur kann Beschwerden von Patienten mit chronischen lumbalen Rückenschmerzen deutlich lindern - Zusätzliche gezielte psychologisch-pädagogische Interventionen: positiver Effekt signifikant kann verbessert werden
Link	https://doi.org/10.1007/s40664-015-0031-2

6 Literaturverzeichnis

Hetzer, M. (2018): *Blutdruck Normalwerte*
    https://www.cora.health/de/ratgeber/blutdruck-normalwerte/#blutdrucknormalwertelaut-who

Stephan A. , Goebel S. , Schmidtbleicher D. (2011): *Effekte maschinengestützten Kraft-trainings in der Behandlung chronischen Rückenschmerzes*
    https://www.germanjournalsportsmedicine.com/archiv/archiv-2011/heft-3/effek-te-maschinengestuetzten-krafttrainings-in-der-behandlung-chronischen-rueckenschmer-zes/

Kirchhoff, D., Kopf, S. & Böckelmann, I. Zbl Arbeitsmed (2015): *Krafttrainingsthera-pie bei männlichen Polizeibeamten mit chronischen lumbalen Rückenschmerzen*
    https://doi.org/10.1007/s40664-015-0031-2

7 Tabellenverzeichnis

BEI GRIN MACHT SICH IHR WISSEN BEZAHLT

- Wir veröffentlichen Ihre Hausarbeit,
  Bachelor- und Masterarbeit

- Ihr eigenes eBook und Buch -
  weltweit in allen wichtigen Shops

- Verdienen Sie an jedem Verkauf

Jetzt bei www.GRIN.com hochladen und kostenlos publizieren